Rumpelstilzchen

von ‚Joanna Nadin'

Illustrationen: ‚Alejandro O'Keeffe'

Vor langer Zeit lebte ein armer Müller, der hatte eine Tochter namens Lily. Lily war freundlich, klug und gut. Der Müller jedoch war ein Angeber, der gerne Lügengeschichten erzählte.

Lily liebte einen Prinzen, war jedoch zu arm, um seine Frau zu werden. Deshalb ging der Müller zum König und prahlte mit seiner Tochter. „Sie kann Stroh zu purem Gold spinnen“, sagte er.

Der König war hocherfreut und bestellte Lily ins Schloss. Dort führte er sie in einen Turm und zeigte auf einen Strohballen.

„Spinne bis zum Morgen das Stroh zu Gold, dann darfst du meinen Sohn heiraten“, sagte er. Dann verriegelte er die Tür.

Doch Lily wusste natürlich nicht, was sie tun sollte und sie stampfte verärgert mit dem Fuß auf. Bei diesem Geräusch erschien ein Kobold. „Gib mir deine Halskette und ich werde das Stroh zu Gold spinnen", sagte er.

Lilys Halskette hatte ihrer Mutter gehört, deshalb wollte sie sie nicht hergeben. Doch weil sie noch immer den Prinzen heiraten wollte, stimmte sie zu. Der Kobold hielt sein Wort und spann das Stroh zu Spulen voller Gold.

Der König war erfreut, aber er war auch habgierig. Er brachte Lily in einen anderen Turm mit zwei Ballen Stroh. „Spinne es bis zum Morgen zu Gold und du darfst meinen Sohn heiraten“, sagte er. Dann verriegelte er die Tür.

Wieder stampfte Lily mit ihrem Fuß auf, und wieder erschien der Kobold. „Gib mir deinen Ring und ich werde das Stroh für dich zu Gold spinnen“, sagte er.

Lily gab ihm den Ring und der Kobold spann das Stroh zu Spulen voller Gold.

Der König lächelte, als er das Gold sah, doch machte es ihn noch habgieriger.

Er führte Lily in einen anderen Turm mit drei Ballen Stroh. „Spinne es bis zum Morgen zu Gold und du darfst meinen Sohn heiraten“, sagte er. Dann verriegelte er die Tür.

Wieder stampfte Lily mit dem Fuß auf, und wieder erschien der Kobold. „Ich habe nichts mehr, das ich dir geben könnte", sagte sie. „Aber ich brauche deine Hilfe."

Der Kobold dachte nach, dann antwortete er: „Gib mir dein erstes Kind, dann will ich das Stroh zu Gold spinnen."

Lily, die sich nicht viel aus Babys machte, stimmte zu und der Kobold spann das Stroh zu Spulen voller Gold. Dieses Mal hielt der König sein Wort und Lily heiratete den Prinzen.

Die Jahre vergingen. Lily war so glücklich, dass sie vergaß, dass sie sich nichts aus Babys machte. Sie und ihr Prinz hatten einen kleinen Jungen. Sie nannten ihn Tom.

Lily hatte auch vergessen, was sie dem Kobold versprochen hatte. Der Kobold hatte es jedoch nicht vergessen. An Toms erstem Geburtstag kam er zum Schloss und sagte: „Gib mir dein Kind.“

Lily konnte es nicht ertragen, von Tom getrennt zu sein, und bot dem Kobold stattdessen Gold an. Aber der Kobold sagte, Tom sei der einzige Schatz, den er wolle.

Aber ich hatte ja auch schon erzählt, dass Lily ein kluges Mädchen war. „Wenn ich deinen Namen errate, lässt du mich Tom dann behalten?“, fragte sie. „Ich gebe dir drei Tage Zeit“, sagte der Kobold. „Aber du wirst nicht gewinnen. Das Kind wird mir gehören.“

Lily machte sich an die Arbeit. Am ersten Tag schrieb sie all die Jungennamen nieder, die sie kannte. Als der Kobold an diesem Abend erschien, sagte sie: „Ist dein Name Adam?“ „Nein“, grinste der Kobold. „Das ist nicht mein Name.“

„Heißt du Ahmed?“, fragte Lily.
„Nein“, grinste der Kobold. „Das ist nicht mein Name.“

Lily probierte es mit Akeem und Anton und Hassan und Hans. Doch der Kobold sagte jedes Mal das gleiche: „Nein, das ist nicht mein Name.“

Am zweiten Tag ging Lily in die Schlossbibliothek und schrieb alle Jungennamen auf, von denen sie nie gehört hatte.

Als der Kobold an diesem Abend kam, sagte sie: „Ist dein Name Achilles?“ „Nein“, grinste der Kobold. „Das ist nicht mein Name.“

„Heißt du Axel?“, fragte Lily. „Nein“, grinste der Kobold. „Das ist nicht mein Name.“

Lily versuchte es mit Kareem und Kaspar, mit Santos und Salomon. Jedes Mal antwortete der Kobold das gleiche: „Nein, das ist nicht mein Name."

Am dritten Tag gingen Lily die Ideen aus. Deshalb machte sie einen langen Spaziergang in die Stadt. Sie lief über den Markt und lauschte auf die verschiedenen Namen der Leute dort.

Die einzigen Namen, die sie auf dem Markt aufschnappte, hatte sie bereits probiert – zum Beispiel Jürgen, Jasper und Jonas.

Lily hatte schon fast die Hoffnung aufgegeben, als sie einen Marktstand entdeckte, an dem Garnspulen verkauft wurden. Ein kleines Männchen sang vor sich hin, während es sie ordentlich aufstapelte.

Es sang:

„Ich bin nicht Bert,
ich bin nicht Ben,
mein Name ist Rumpelstilzchen."

Lily lächelte, denn sie wusste, dass es sich bei dem Männchen um genau den Kobold handelte, der ihr Tom wegnehmen wollte.

Als der Kobold an diesem Abend kam, gab sie vor, von nichts zu wissen. „Ist dein Name Gumboot?“, fragte sie. „Nein“, grinste der Kobold, „das ist nicht mein Name.“

„Lautet er Marmelade?“, fragte Lily.
„Nein“, grinste der Kobold. „Das ist nicht mein Name.“

Lily probierte es noch mit Schlürfer und Schluckauf, Mutton und Tintin. Doch jedes Mal antwortete der Kobold das gleiche: „Nein, das ist nicht mein Name.“

Dann durfte Lily ein letztes Mal raten.
„Heißt du Rumpelstilzchen?“, fragte sie.

Der Kobold stampfte so heftig mit dem Fuß auf, dass er im Boden einbrach. Er zog mit aller Macht, steckte aber fest.

Lily bot ihm an zu helfen, unter der Bedingung, dass er für immer verschwinden würde.

Der wütende Kobold verschwand.
Tom konnte im Schloss bleiben.
Und nach allem, was ich gehört habe,
leben Tom, Lily und der Prinz dort
noch immer.

Erzähle nach

Es war einmal ...